Le
Cantique des
Cantiques.

Le Cantique des Cantiques.

IL A ÉTÉ TIRÉ DE CET OUVRAGE:

10 *exemplaires sur Japon à la forme, enrichis d'une suite de dessins en noir, numérotés de 1 à 10.*

3o *exemplaires sur Japon à la forme, numérotés de 11 à 40.*

25 *exemplaires sur papier vergé calendré des anciennes manufactures de Canson et Montgolfier, enrichis d'une suite de dessins en noir, numérotés de 41 à 65.*

175 *exemplaires sur papier vergé calendré des anciennes manufactures de Canson et Montgolfier, numérotés de 66 à 240.*

N° 150

DIX - SEPT DESSINS

DE

GEORGE BARBIER.

SUR LE

CANTIQUE DES CANTIQUES

TRADUCTION FRANÇAISE
DE 1816.

SE TROUVE:

A LA BELLE ÉDITION

71, RUE DES SAINTS-PÈRES, 71

A PARIS.

Chapitre premier.

I. Qu'il me baise du baiser de sa bouche: car tes mamelles sont meilleures que le vin.

II. Odoriférantes plus que les très bons onguens.
Ton nom est comme l'huyle espandu: pourtant les ieunes pucelles t'ont aimé.

III. Tire-moy après toy : nous courrons à l'odeur de tes onguens.

IV. Le roy m'a fait entrer en ses celiers, nous nous réfioüirons & esbatrons en toy, en ayant souuenance de tes mamelles plus que du vin : les droituriers t'ayment.

V. O filles de Ierusalem, ie suis noire, mais ie suis belle, comme les tabernacles de Cedar : comme les peaux de Salomon.

VI. Ne me vueillez point considérer pource que ie suis brunette, car le soleil m'a descolorée. Les enfans de ma mère ont combattu contre moy, ils m'ont constitué la garde ès-vignes, ie n'ay pas gardé ma vigne.

VII. O toy que mon âme ayme, monstre-moy là où tu prens ton repas, là où tu reposes à midy, afin que ie ne commence à vaguer après les troupeaux de tes compagnons.

VIII. Si tu me connois, ô belle entre les femmes, sors hors, & t'en va après les traces des troupeaux ; & pais tes cheureaux auprès des tabernacles des pasteurs.

IX. Ma bien-aymée ie t'ay fait semblable à ma cheualerie ès-chariots de Pharao.

X. Tes ioües sont belles comme celles de la tourterelle ton col est comme les affiquets.

XI. Nous te ferons des templettes d'or entrelaçées d'argent.

XII. Tandis que le roi estoit en sa couche, mon nard a donné son odeur.

XIII. Mon bien-aymé eſt à moi comme vn bouquet de myrrhe, il demeurera entre mes mamelles.

XIV. Mon bien-aymé eſt vers moi comme la grappe de cypre ès-vignes d'Engaddi.

XV. Ma bien-aymée, voicy tu es belle, voicy tu es belle : tes yeux ſont comme ceux des colombes.

XVI. Mon bien-aymé, voicy tu es beau & bien ioli, noſtre lit eſt plein de fleurs.

XVII. Les cheurons de nos maiſons ſont de cèdre, nos foliueaux ſont de cyprès.

G. BARBIER

Chapitre deuxième.

I. Ie ſuis la fleur du champ & le lis des vallées.

II. Comme le lis eſt entre les eſpines, ainſi eſt ma bien-aymée entre les filles.

III. Comme le pommier eſt entre les arbres des foréts, ainſi eſt mon bien-aymé entre les fils.

Ie me ſuis aſſiſe ſous l'ombre de cettuy que i' auois déſiré : & ſon fruit eſt doux à ma gorge.

IV. Il m' a mené au celier du vin : il a ordonné charité en moy.

V. Appuyez-moi de fleurs, enuironnez moi de pommes : car ie languy d' amour.

VI. Sa main feneſtre eſt.deſſous mon chef & ſa dextre m'embraſſera.

VII. Ie vous adiure ô filles de Iéruſalem par les cheuraux, & les cerfs des champs, que vous n'eſveilliez & ne faſſiez eſveillier la bien-aymée, iuſque à ce qu'icelle le vueille.

GEORGE BARBIER 1913

VIII. La voix de mon bien-aymé, le voicy, il vient. Saillant ès-montagnes, treſſaillant par les coſteaux.

IX. Mon amy eſt ſemblable au cheureau & au faon des cerfs. Voicy iceluy eſt debout derrière noſtre paroy, regardant par les feneſtres, guignant par les treillis.

X. Voicy mon bien-aymé. parle à moy. Lève-toy, haſte-toy la mienne amie, ma colombe, ma belle & vien.

XI. Car déſia l'hyuer eſt paſſé, la pluye s'en eſt allée, & retirée.

XII. Les fleurs ſont apparues en noſtre terre, le temps de tailler eſt venu, la voix de la tourterelle eſt ouïe en noſtre terre.

XIII. Le figuier a produit ſes figues les vignes fleuriſſantes ont donné leur odeur. Lèue-toi la mienne amie, ma belle, et vien.

XIV. Ma colombe, qui es ès-pertuis de la pierre, ès-cachettes de la muraille, monſtre-moy ta force, que ta voix ſŏne en mes oreilles, car ta voix eſt douce & ta face eſt belle.

XV. Prenez nous les petits renards qui gaſtent les vignes. Car notre vigne eſt fleurie.

XVI. Mon amy est a moy & moy à luy, lequel prend ſon repas entre les lis.

XVII. Iuſques à ce que le iour poigne et que les ombres s'abaiſſent. Retourne-toi mon bien-aymé, ſois ſemblable au cheureau & au bichelot des cerfs, ſur les montagnes de Bethel.

Chapitre troisième.

I. I'ay cherché de nuict en mon petit lit celuy que mon âme ayme. Ie l'ay cherché & ne l'ay pas treuué.

II. Ie me leueray & iray tout à l'entour de la cité; & chercheray par les rues & par toutes places celuy qu'ayme mon âme, ie l'ay cherché & ne l'ay pas treuué.

III. Les guetteurs qui gardent la cité m'ont treuuée. N'auez-vous point veu celuy que mon âme ayme.

IV. Quand ie les eu un peu paſſez, ie treuuay celuy que mon âme ayme? Ie l'ay pris & ne le laiſſeray pas aller, iuſques à ce que ie le mène dedans la maiſon de ma mère & en la chambre de celle qui m'a engendrée.

V. Ie vous adjure filles de Iéruſalem, par les cheuraux & les cerfs des champs, que vous n'eſueilliez & ne faſſiez eſueiller la bien-aymé, iuſques à ce qu'elle le vueille.

VI. Qui eſt celle qui monte par le déſert comme une petite verge de
fumée faite d'aromats de myrrhe & d'encens & de poudre d'apoticaires ?
VII. Voicy ſoixante forts hommes des plus forts d'Israël, qui
enuironnent le lit de Salomon !

VIII. Tous tenans eſpées & très bien appris à la guerre : l'épée
d'un chacun eſt ſur sa cuiſſe pour les craites de la nuiĉt.

IX. Le roy Salomon a fait pour ſoy un pauillon des arbres du
Liban.

X. Il fait les colonnes d'iceluy d'argent, l'appuy d'or, le montant
de pourpre, a rempli le milieu de charité à cauſe des filles de Iéruſalem.

XI. Sortez hors filles de Sion & regardez le roy Salomon en la
couronne de laquelle ſa mère l'a couronné au iour de ſes nopces, et au
iour de la lieſſe de ſon cœur.

Chapitre quatrième.

I. *Combien tu es belle la miene amie: combien tu es belle! Tes yeux font comme ceux des colôbes fans ce qu' eft caché par dedans.*

Tes cheueux font comme les troupeaux de chèures, lefquels font montés de la montagne de Golaad.

II. *Tes dents font comme les troupeaux de celles qui font tondües, qui font montées du lauoir; chacune a fruits gémeaux & n'y a aucune flérile en icelles.*

III. *Tes lèures font come vne bande de couleur de graine & ta parole eft douce. Tes ioües font comme une pièce de pomme de grenade fans ce qui eft caché par dedans.*

IV. *Ton col eft comme la tour de David, laquelle eft édifiée avec baftillons. Mille boucliers pendent en icelle & toute armure des hommes forts.*

V.   Tes deux mamelles font comme deux bichelots gemaux de la biche, lefquels pafturent entre les lys.

VI.   Iufqu'à ce que le iour poigne & que les ombres s'abaiffent, ie m'en irai à la montagne de myrrhe & à la petite montagne d'encens.

VII.   Ma bien-aymée tu es toute belle & en toi n'y a point de macule.

VIII.   Vien du Liban mon efpoufe, vien du Liban, vien & tu feras couronnée du chef d'Amana, du troupeau de Sanir & de Hermon, des repaires des lyons & des montagnes des léopards.

IX.   Ma fœur, mon efpoufe, tu as nauré mon cœur, tu as nauré mon cœur par l'un de tes yeux, par l'un des cheueux de ton col.

X.   Combien belles font tes mamelles ma fœur, mon efpoufe ! tes mamelles font plus belles que le vin & l'odeur de tes onguens excède toutes fenteurs.

XI.   Mon efpoufe tes lèures font comme le rais de miel diftilant: miel & lait eft deffous ta langue & l'odeur de tes veftemens eft comme l'odeur d'encens.

XII. Ma sœur, mon espouse est un iardin enclos : elle est vn iardin enclos & vne fontaine scellée.

XIII. Tes rameaux sont comme un paradis de pommes de grenades auec les fruicts de pommiers. Cyprès auec Nard.

XIV. Nard & safran, sucre & cannelle y sont auec tous autres arbres du Liban, myrrhe & aloës auec tous les principaux ongües.

XV. La fontaine des iardins, le puits des eaux viues, lesquelles courent du Liban, par grande impétuosité.

XVI. Lèue-toi Aquilon & vien Auster, souffle par mon iardin & que les odeurs d'iceluy découlent.

Chapitre cinquième.

I. Mon bien-aimé vienne en ſon iardin, afin qu'il mange des fruits de ſes pomimers. Viens en mon iardin ma ſœur, mon eſpouse, i'ay receuilly ma myrrhe auec les liqueurs flairans. Souef, i'ay mangé mon rais aucc mon miel: & i'ay beu mon vin auec mon lait. Mes amis mangez & beuvez & ſi vous enyurez mes bien-aimez.

II. Ie dors & mon cœur veille, c'eſt la voix de mon amy qui heurte. Ouure-moy ma ſœur, la mienne amie, ma colombe, mon entière, car mon chef eſt plein de roſée & mes cheueux entortillez ſont pleins de gouttes des nuicts.

III. I'ay deſpouillé ma robbe, comment la reſtiray-ie? i'ay lavé mes pieds, comment les ſouilleray-ie?

IV. Mon amy a auançé la main par le pertuis & mon ventre a tremblé par ſon attouchement.

V. Ie me ſuis leué pour ouurir à mon amy: mes mains diſtillèrent myrrhe & mes doigts ſont pleins de myrrhe très bien eſpreuuée.

G. BARBIER

VI. *I'ay ouuert la barre de ma porte à mon amy : mais il eſtoit party & eſtoit paſſé outre. Mon âme s'eſt toute fondue inſcontinent qu'il a parlé ; ie l'ay cherché & ne l'ay pas treuué : ie l'ay appelé & il ne m'a pas reſpondu.*

VII. *Les gardes qui alloient autour de la cité m'ont treuuée : ils m'ont battüe & m'ont bleſſée : les gardes des murailles m'ont oſté mon manteau.*

VIII. *Je vous adjure filles de Iéruſalem que ſi vous treuuez mon amy que vous lui annonciez que ie langui d'amour.*

IX. *O très belle entre les femmes quel eſt ton amy plus qu'autre bien-aymé!, que tu nous a ainſi adjurez?*

X. *Mon amy eſt blanc & vermeil, choiſi entre milliers.*

XI. *Son chef eſt comme or très-bon, ſes cheueux ſont comme branches de palmes eſlevées, noirs comme un corbeau.*

XII. *Ses yeux ſont comme les colombes ſur les petits ruiſſeaux des eaux, leſquelles ſont lavées de laiĉ & ſont réſidentes auprès des cours d'eaux très-pleins.*

XIII. *Ses ioües font comme petits quarreaux d'aromats entez des apothicaires. Ses lèures font fleurs de lys, diftillantes la myrrhe précieufe.*

XIV. *Ses mains font comme anneaux d'or pleines de hyacinthes, fon ventre d'yuoire couuert de faphirs.*

XV. *Ses jambes comme colonnes de marbre lefquelles font fondées fur foubaffements d'or. Sa beauté eft comme celle du Liban: il eft efleu entre les cèdres.*

XVI. *Sa gorge eft très foüefue & toute défirable, tel eft mon bien-aymé: & iceluy eft mon amy, ô filles de Iérufalem.*

XVII. *O très belle entre les femmes, où eft allé ton amy? où s'eft efcarté ton bien-aymé, & nous le chercherons avec toy?*

Chapitre sixième.

I. Mon bien-aymé eſt deſcendu en ſon iardin, au parquet des choſes odoriférantes, afin qu'il prenne ſon repas ès-iardins & qu'il ceuille lcs lys.

II. Ie ſuis a mon amy & mon bien-aimé eſt à moy : lequel paisſt entre les lys.

III. Ma bien-aimée tu es belle, ſoüeſue & plaiſante comme Iéruſalem, terrible comme une armée des oſts ordonnée.

IV. Deſtourne tes yeux de moy, car iceux m'ont fait envoler. Tes cheueux ſont comme le troupeau des chèures qui ſont apparües de Galaad.

V. Tes dents ſont comme troupeau de brebis, leſquelles ſont montées du lauoir chacune ayant fruits gemaux & n'y a aucune ſtérile entre icelles.

VI. Tes ïoues font comme une pièce de la pomme de grenade., fans tes fecrets.

VII. Il y a foixante roynes & oclante concubines & des iouvencelles fans nombre.

VIII. Ma colombe eft unique & ma parfaite: elle eft feule à fa mère, efleüe de celle qui l'a engendrée.
Les filles de Sion l'ont veüe & l'ont annoncée eftre très heureufe: les roynes & concubines auffi, & l'ont loüée.

IX. Qui eft celle qui vient s'eflevant comme l'aube du iour, belle comme la Lune, efleüe comme le foleil, terrible comme l'armée des ofts ordonnée?

X. Ie fuis defcendu du iardin des noyers afin de voir les pomes des vallées & pour regarder fi la vigne eftoit fleurie & fi les pommes de grenade eftoient boutonnées.

XI. Ie n'en ai rien fçeu, mon âme m'a troublé à caufe des chariots d'Aminadab.

XII. Retourne-toy, retourne-toi la Sulamite: retourne-toy, retourne-toy, afin que nous te regardions.

Chapitre septième.

G.B.

I. Quelle chofe verras-tu en la Sulamite, finon les compagnies des armées? ô filles de prince combien font beaux tes pas en chauffures! les iointures de tes cuiffes font comme ioyaux, lefquelles font forgées de la main de l'ouvrier.

II. Ton nombril eft un hanap tout rond, lequel iamais n'eft fans breuvage, ton ventre eft comme les monceaux de froment enuironné de lys.

III. Tes mamelles font comme deux bichelots gemaux de la biche.

IV. Ton col eft comme une tour d'yuoire, tes yeux font comme les pifcines en Hesbron, lefquels font en la porte de la fille de la multitude. Ton nez eft comme la tour du Liban laquelle regarde contre Damas.

V. Ton chef comme Carmel : & les cheueux de ton chef comme la pourpre du Roy liée aux carraux .

VI. O très-aymée ès-délices comme tu es belle, & combien décorée !

VII Ta ſtature eſt ſemblable à la palme & tes mamelles aux grappes de raiſin .

VIII. I' ay dit : ie monteray à la palme & prendray ſes fruicts, & tes mamelles feront comme les grappes de la vigne & l' odeur de ta bouche comme des pommes.

IX. Ta gorge eſt comme le très bon vin digne pour boire à mon amy & pour ruminer en ſes lèures & en ſes dents .

X. Ie ſuis à mon bien-aymé & vers moy eſt ſon regard .

XI. Viens mon bien-aymé, ſortons aux champ, demeurons ès-villages.

XII. Leuons-nous du matin pour aller aux vignes, regardons ſi la vigne eſt fleurie, ſi les fleurs engendrent fruicts, ſi les pommes de grenade ſont fleuries, là ie te donnerai mes mamelles.

XIII. Les mandragores ont donné leur odeur en nos portes . Toutes manières de pommes vieilles & nouuelles, ô mon amy ie les ay gardées pour toy .

Chapitre huitième.

I. Qui te me donnera mon frère suçant les mamelles de ma mère, que ie te treuue feul dehors & que ie te baife & qu' alors perfonne ne me méprife.

II. Ie te prendray & t'ameneray en la maifon de ma mère. Là tu m'enfeigneras & ie te donneray à boire du vin confit & du moufl de mes pommes de grenade.

III. Sa main feneftre eft fous mon chef & fa dextre m'embraffera.

IV. Ie vous adjure, ô filles de Iérufalem que vous n'efueilliez & ne faffiez efueillier la bien-aymée, iusqu' à ce qu' elle le veuille.

V. Qui eft celle qui monte du défert, abondante en délices, appuyée fur fon amy? ie t'ay efueillé fous un pommier. Là ta mère fût corrompüe, là fût violée celle qui t'a engendrée.

VI. Mets moi comme un fignacle fur ton cœur, & comme un fignacle fur ton bras: car amour eft forte comme la mort & ialoufie eft dure comme enfer. Ses lampes font côme lampes de feu & de flammes.

VII. Beaucoup d'eaux n'ont pu esteindre la charité & les fleuues aussi ne l'a feront pas noyer, si l'homme a donné toute la cheuuance de sa maison pour dilection , il la méprisera comme rien.

VIII. Noftre sœur est petite & n'a aucune mamelles, que ferons nous à nostre sœur du iour qu'on doit parler à elle.

IX. Si c'est un mur édisions sur iceluy des forteresses d'argent : si c'est un huis fortisions là de tableaux de cèdre.

X. Ie suis le mur & mes mamelles sont comme une tour, dès que ie suis faite deuant lui, comme celle qui treuue la paix.

XI. Le paisible a eu une vigne, en celle qui a des peuples. Il l'a baillée aux gardes, l'homme en apporte pour le fruict d'icelle , mille deniers d'argent.

XII. Ma vigne est deuant moy: A toy qui es pacifique en appartient mille, & deux cens à ceux qui gardent les fruicts d'icelle.

XIII. Toi qui habites ès-iardins, des amies escoutent, say-moi oüyr ta voix.

XIV. Mon bien-aymé suy & fois semblable au cheuureau & au faon des cerfs sur les montagnes des choses aromatiques.

Fin du livre des Cantiques de Salomon.

Achevé
d'imprimer
le trentième jour
de Mars
Mil-neuf-cent Quatorze
sur les presses de
LA BELLE ÉDITION
71, rue des Saints-Pères
A PARIS.

www.ingramcontent.com/pod-product-compliance
Ingram Content Group UK Ltd.
Pitfield, Milton Keynes, MK11 3LW, UK
UKHW020022100726
13658UKWH00003B/1056